BEI GRIN MACHT SICH IHR WISSEN BEZAHLT

- Wir veröffentlichen Ihre Hausarbeit, Bachelor- und Masterarbeit

- Ihr eigenes eBook und Buch - weltweit in allen wichtigen Shops

- Verdienen Sie an jedem Verkauf

Jetzt bei www.GRIN.com hochladen und kostenlos publizieren

S. Schäfer

Vergleich der Bürgerhaushalte in Köln und Bonn - Erfolge und Veränderungen

GRIN Verlag

Bibliografische Information der Deutschen Nationalbibliothek:

Die Deutsche Bibliothek verzeichnet diese Publikation in der Deutschen Nationalbibliografie; detaillierte bibliografische Daten sind im Internet über http://dnb.d-nb.de/ abrufbar.

Dieses Werk sowie alle darin enthaltenen einzelnen Beiträge und Abbildungen sind urheberrechtlich geschützt. Jede Verwertung, die nicht ausdrücklich vom Urheberrechtsschutz zugelassen ist, bedarf der vorherigen Zustimmung des Verlages. Das gilt insbesondere für Vervielfältigungen, Bearbeitungen, Übersetzungen, Mikroverfilmungen, Auswertungen durch Datenbanken und für die Einspeicherung und Verarbeitung in elektronische Systeme. Alle Rechte, auch die des auszugsweisen Nachdrucks, der fotomechanischen Wiedergabe (einschließlich Mikrokopie) sowie der Auswertung durch Datenbanken oder ähnliche Einrichtungen, vorbehalten.

Impressum:

Copyright © 2012 GRIN Verlag GmbH
Druck und Bindung: Books on Demand GmbH, Norderstedt Germany
ISBN: 978-3-656-35098-9

Dieses Buch bei GRIN:

http://www.grin.com/de/e-book/207608/vergleich-der-buergerhaushalte-in-koeln-und-bonn-erfolge-und-veraenderungen

GRIN - Your knowledge has value

Der GRIN Verlag publiziert seit 1998 wissenschaftliche Arbeiten von Studenten, Hochschullehrern und anderen Akademikern als eBook und gedrucktes Buch. Die Verlagswebsite www.grin.com ist die ideale Plattform zur Veröffentlichung von Hausarbeiten, Abschlussarbeiten, wissenschaftlichen Aufsätzen, Dissertationen und Fachbüchern.

Besuchen Sie uns im Internet:

http://www.grin.com/

http://www.facebook.com/grincom

http://www.twitter.com/grin_com

FernUniversität Hagen

Lehrgebiet:	Politikwissenschaft IV: Politik und Verwaltung
Modul:	V1: Verwaltung und Partizipation

Semester: SS 2012

**Hausarbeit zum Modul V1 des BA-Studiengangs
Politik- und Verwaltungswissenschaft
"Vergleich der Bürgerhaushalte in Köln und Bonn
- Erfolge und Veränderungen"**

Name: Schäfer, Sarah – Felicitas

Abgabefrist: 28.11.2012

Studiengang: BA Politik- und Verwaltungswissenschaft
Studienphase: Basisphase

Inhaltsverzeichnis

1. Einleitung	3
2. Bürgerhaushalte	5
2.1 Der Bürgerhaushalt der Stadt Köln	8
2.2 Der Bürgerhaushalt der Stadt Bonn	12
2.3 Vergleich der Bürgerhaushalte Bonn und Köln	16
3. Fazit	17
4. Literatur- und Quellenverzeichnis	19
5. Förmliche Erklärung	22

1. Einleitung

Der Titel der vorliegenden Hausarbeit lautet „Vergleich der Bürgerhaushalte in Köln und Bonn - Erfolge und Veränderungen".

Die Thematik ist die partizipative Demokratie in Form von Bürgerhaushalten in der kommunalen Haushaltspolitik.

"Nachdem 2001 das erste Weltsozialforum in Porto Alegre stattfand, stieg auch die Anzahl der Bürgerhaushalte in Europa. 2005 konnten über 50 gezählt werden und 2009 konnten bereits bei weiterhin steigender Tendenz von über 200 ausgegangen werden." (Franzke / Kleger 2010: 13).

Nachfolgend wird zunächst auf den Aufbau der Untersuchung sowie auf relevante Begrifflichkeiten und Theorien eingegangen.

Im Hauptteil werden die Fälle unter Bezugnahme des Forschungsinteresses behandelt, das Fazit schließt die Hausarbeit ab. Die forschungsleitenden Fragen lauteten: „Welche Unterschiede gibt es in der Entwicklung des Bürgerhaushaltes in den Städten Köln und Bonn? Sind Erfolge oder Veränderung in der kommunalen Haushaltspolitik zu erkennen?"

Zur Beantwortung der Fragen soll sich in der vorliegenden Hausarbeit mittels des Bereichs der Vergleichenden Politikwissenschaft einer Antwort angenähert werden.

Das forschungsleitende Interesse ist begründet durch die sich verschlechternde finanzielle Lage der Kommunen seit 1990. Die Finanzierungslast der Gemeinden und Gemeindeverbände wächst stetig an (nach Bundesfinanzministerium 2012).

Die Fragestellung führt zu der These:

„Eine fortschreitende Entwicklung von Bürgerhaushalten hat einen positiven Einfluss auf die kommunale Haushaltspolitik und festigt partizipative Demokratie in der Kommune".

Der theoretische Hintergrund der vorliegenden Hausarbeit fußt auf die beteiligungszentrierten Demokratietheorien.

Diese Annahme wird anhand der Anwendung des

Forschungsdesigns „Most Similar Case Design" nach John Stuart Mill in vorliegender Hausarbeit überprüft. Dieses bietet sich aufgrund der Anzahl der Variablen und Fälle besser an als beispielsweise eine Einzelfallanalyse, welche die Hypothese nur unzureichend bestätigen oder falsifizieren könnte.

Als Fallauswahl liegt das Forschungsdesigns der Vergleich zwischen zwei Städten nah, welche einen Bürgerhaushalt nutzen und möglichst ähnlich im Hinblick auf die Rahmenbedingungen sind und eine Varianz auf die als erklärend angenommene Variable bieten.

Die gewählten Fälle sind die Städte Köln und Bonn.

Ihre geografische Lage spricht für diese Fallauswahl, da beide Städte in NRW liegen und somit demselben Landesrecht unterliegen.

Viele andere ähnliche Ausgangspunkte wie z.B. der Großstadt-Status, die Bevölkerungsdichte je qm², das Alter der Städte, eine ähnliche parteipolitische Landschaft, speziell die Tatsache das der Oberbürgermeister derselben politischen Partei entstammt, tragen zu dieser Fallauswahl bei.

Die wichtigste Gemeinsamkeit ist die Tatsache, dass der Bürgerhaushalt in den beiden Städten zum wiederholten Male durchgeführt wird und sich nicht nur auf einen einmaligen Versuch beschränkt.

In dieser Hausarbeit sind die Indikatoren für die Beantwortung der forschungsleitenden Frage die messbaren Veränderungen in der kommunalen Haushaltspolitik in Form von Etatveränderungen und Einsparungen. Die Entwicklungen des Bürgerhaushaltes sind anhand der Anzahl der Partizipierenden sowie der Anzahl und Veränderung von Themenvorstellungen als Indikatoren zu sehen.

Als Erhebungsmethode wird die nicht-reaktive Methode, genauer die qualitative Inhaltsanalyse und Sekundärquellenanalyse, genutzt. Es werden qualitative und aggregierte Daten von kommunalen Stellen sowie politikwissenschaftliche Fachtexte und Daten des Bundesfinanzministeriums genutzt.

2. Bürgerhaushalte

Die Fragestellung macht die Definition des Begriffes „Bürgerhaushalt" notwendig.
Theoretisch ist die vorliegende Hausarbeit an beteiligungszentrierter Demokratie orientiert. Ohne Partizipation wäre der Bürgerhaushalt nicht möglich, aber ohne eine entsprechend orientierte demokratische Staatslandschaft auch nicht implementierbar.
Habermas deliberative Demokratietheorie trifft den Sachverhalt. Partizipation und die resultierende „Produktivkraft Kommunikation" (Habermas 1990: 36) verdeutlichen den Charakter der Bürgerhaushalte. Die Bürger im Prozess der Beratung und Beschlussfassung ist ein unverzichtbarer Teil für die Demokratie.
„Deliberative Politik ist für Habermas eine Politik der argumentativen Abwägung, der gemeinsamen Beratschlagung und Verständigung über öffentliche Angelegenheiten." (Schmidt 2010: 242)
„Bürgerhaushalte ermöglichen es, die Meinungen und das Wissen der Bürgerinnen und Bürger bei der Finanzplanung produktiv zu nutzen" (Vorwerk/Märker/Wehner 2008: 114); dieses Zitat stellt direkt den Kern der Bürgerhaushalte in den Vordergrund.

Ein Bürgerhaushalt wird definiert mit:

„1. Im Zentrum des Bürgerhaushaltes stehen finanzielle Angelegenheiten, es geht um begrenzte Ressourcen.
2. Die Beteiligung findet auf der Ebene der Gesamtstadt oder auf der eines Bezirks mit eigenen politischen und administrativen Kompetenzen statt. Ein Stadtteilfonds allein, ohne Partizipation

auf der gesamtstädtischen bzw. bezirklichen Ebene, ist kein Bürgerhaushalt.
3. Es handelt sich um ein auf Dauer angelegtes und wiederholtes Verfahren. Ein einmaliges Referendum zu haushaltspolitischen Fragen ist kein Bürgerhaushalt.
4. Der Prozess beruht auf einem eigenständigen Diskussionsprozess. Die Miteinbeziehung von Bürgern in bestehende Verwaltungsgremien oder Institutionen der repräsentativen Demokratie stellt keinen Bürgerhaushalt dar.
5. Die Organisatoren müssen Rechenschaft in Bezug darauf ablegen, inwieweit die im Verfahren geäußerten Vorschläge aufgegriffen und umgesetzt werden."(Franzke / Kleger 2010: 15)

Die Verfahren in der Praxis wie eine Stadt einen Bürgerhaushalt implementiert sind unterschiedlich und lassen sich mit der Definition nach Franzke und Kleger in grober Form in Einklang bringen.

Zunächst einmal ist die Reichweite von Bürgerhaushalten von Relevanz, die Definition gibt klar vor, dass es sich um finanzielle Angelegenheiten handeln muss. Jedoch die Thematiken genauer die Beteiligungsgegenstände, die dabei angeschnitten werden und den kommunalen Haushalt betreffen können, sind vielfältig.

Der Verfahrenskonsens von Bürgerhaushalten ist von Bedeutung um Punkt 2 der Definition erfolgreich implementieren zu können. Mittels der Festlegung des Verfahrens lassen sich im Vorfeld bereits Benachteiligungen vermeiden und die „Überparteilichkeit" des Verfahrens sichergestellt werden. Die meisten Bürgerhaushalte lassen sich nach verschiedenen Phasen unterteilen: „Konkrete Zeitpunkte der Information, Partizipation und Rechenschaftslegung sowie die Verzahnung mit dem gesetzlichen Haushaltsverfahren"(Franzke / Kleger 2010: 66) lassen sich festlegen.

„Bürgerhaushalte können nur erfolgreich sein, wenn diese mit dem gesetzlichen Verfahren der kommunalen Haushaltsplanung eng verknüpft sind." (Franzke / Kleger 2010: 73), daher können der Ablauf und die Terminsetzung entscheidend sein.

Die Auswahl des Verfahrens ist ebenfalls von enormer Bedeutung für den zuvorgenannten Definitionspunkt um möglichst viele Bürger anzusprechen und um alle Zielgruppen zu erreichen ist es unablässlich.

„Erfolgreiche Bürgerhaushalte zeichnen sich durch einen innovativen Mix verschiedener Verfahren aus (Multi Channel Verfahren)." (Franzke / Kleger 2010: 68).

Die Art und Weise wie die Bürger partizipieren können, ist von den Verfahren und der damit verbundenen Kommunikation abhängig. Die angewandten Methoden (Beteiligungskanäle) zur Kommunikation mit den Bürgern sind vielfältig und schließen verschiedenste Medien mit ein, wie Broschüren / Flyer, Websites, Informationsveranstaltungen, persönliche Anschreiben, Bürgerbefragungen und die sogenannte immer häufiger werdene E-Partizipation. Die Wahl des Verfahrens lässt sich jedoch nicht pauschalisieren sondern ist abhängig von den örtlichen Gegebenheiten.

Durch die Kombination mit anderen Verfahren lokaler Demokratie lässt sich der Definitionspunkt 3 und 4 gut nachweisen und macht eine Abgrenzung möglich und verhindert Überschneidungen.

„Für den Erfolg größerer Bürgerhaushaltsprojekte ist die Etablierung spezifischer Steuerungssituationen von besonderer Bedeutung"(Franzke / Kleger 2010: 71), damit ist Punkt 5 der Definition genauer zu betrachten. Eine gute Organisation und Steuerung sorgt für die nötige Transparenz und spätere Rechenschaftslegung des kommunalen Haushalts. Die Aufgaben werden im Regelfall auf Projektteams und -leiter, sowie Redaktionsteams, dem Rat selbst, den Stadtkämmerern und der Verwaltung aufgeteilt.

2.1 Der Bürgerhaushalt der Stadt Köln

Die am Rhein liegende Stadt Köln mit 1027504 Einwohnern im Jahr 2011 zählt zu einer der größten Städte Deutschlands. Zugleich ist Köln die größte Stadt des Bundesland Nordrhein Westfalens und einer der 5 Sitze der Bezirksregierungen.
Im Jahr 2004 beschloss der Rat der Stadt Köln die Einführung des Bürgerhaushaltes. (nach Eich 2011: 32).
Der erste Bürgerhaushalt fand im Jahr 2008 statt. Der darauf Folgende im Jahr 2010, welcher sich jedoch zu einem Doppelhaushalt entwickelte, wurde von der UN prämiert mit dem zweiten Platz des Public Service Award und einem Preis des „NRW.Bank.Ideenwettbewerbs".(nach Rüttgers 2008:9/Eich 2011: 32).
Der dritte Bürgerhaushalt wurde vor wenigen Monaten im Rat der Stadt Köln beschlossen. (nach Stadtrat Köln: 2012)
„Das Kölner Modell zeichnet sich aus durch die intensive Nutzung des Internets, die Einbindung des Kölner Call-Centers und die Konzentration auf Vorschläge seitens der Bürgerinnen und Bürger." (Vorwerk/Märker/Wehner 2008: 116)
Die Reichweite des Kölner Bürgerhaushalts wurde zuvor mittels repräsentativer Umfrage festgelegt und umfasst die dabei präferierten Thematiken.
Der Bürgerhaushalt der Stadt Köln setzt sich aus vier Phasen zusammen: In der 1. Phase steht die Information, in der 2. der Dialog, die 3. Phase stellt die Entscheidung des Rats da und in der 4. Phase kommt es zur Rechenschaftslegung (nach Stadt Köln – Bausteine des Verfahrens: 2012).
In dem Verlauf können die Bürger Vorschläge machen und

Bewertungen zu Vorschlägen abgeben. Am Ende werden die zunächst 100, ab 2010: 25 am Besten bewerteten Vorschläge der einzelnen Thematiken an die Steuerungsgruppe weitergeleitet.

Die Steuerungsgruppe des Kölner Bürgerhaushalts wurde vom Finanzausschuss aus Vertretern des Rats und der Kämmerei als Vertretung der Verwaltung, einer Lenkungsgruppe und einem Beirat gebildet.

Im weiteren Verfahrensablauf werden die eingegangenen Vorschläge und Bewertungen von den zuständigen Fachstellen bewertet und kommentiert und kommen letztlich mit Stellungsnahme in den Stadtrat zur Beschlussfassung. Der Stadtrat legt nach Abstimmung einen Rechenschaftsbericht für die Bürger vor und begründet seine Wahlen.

Die genutzten Methoden im Verfahren waren beim ersten Bürgerhaushalt der Versand von postalischen Informationen an alle Haushalte, die aktive Mitarbeit des Kölner Callcenters und die Bereitstellung einer Online-Plattform. Zudem wurde massiv plakatiert und es wurden Radio-Spots ausgestrahlt (nach Rüttgers 2008: 8ff). Zwischen 2008 und 2010 gab es Anpassungen der Methodik und beispielsweise die breite postalische Zustellung wurde unterlassen.

Der erste Bürgerhaushalt 2008 war zahlenmäßig ein absoluter Erfolg. Binnen vier Wochen waren bereits 10.000 Personen registriert und es wurden rund 5.000 Vorschläge gesammelt (nach Vorwerk/Märker/Wehner: 2008: 115ff).

Die Reichweite des Bürgerhaushalts 2008 umfasst den Bereich Sport, Grünflächen und Straßen/Wege/Plätze.

Die Vorschläge umfassten neue Belastungen für den Kommunalhaushalt aber auch Einsparungsmöglichkeiten.

In Relation zu allen abgegeben Vorschlägen entsprachen 71% Ausgaben und 16% waren Sparvorschläge (nach Stadt Köln –

Beteiligungsstatistik: 2008).

Die Verteilung der Beteiligung der Kölner/-innen am Bürgerhaushalt auf die einzelnen Themenbereiche bezogen, lässt sich der nachfolgenden Grafik für den Bürgerhaushalt 2008 und 2010 entnehmen.

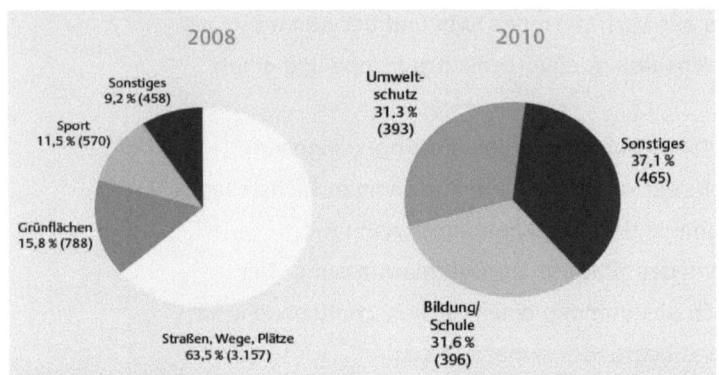

Abbildung 1: Beteiligung der Kölner/-innen am Bürgerhaushalt (Vorschläge nach Themen)
Quelle: http://www.stadt-koeln.de/mediaasset/content/pdf15/statistisches_jahrbuch_k__ln_2011.pdf

Für die Umsetzung der Vorschläge, die ein positives Votum des Rates erhalten hatten, wurden bei der Verabschiedung des Haushalts im Juni 2008 zusätzliche Mittel in Höhe von 8,2 Millionen Euro zur Verfügung gestellt (nach Eich 2011: 32).
Der Bürgerhaushalt 2010 wurde mit Broschüren und Informationsveranstaltungen beworben.
Die Partizipationsmöglichkeiten waren erneut die Internetplattform, das Callcenter und der postalische Weg. Es wurden bei diesem Bürgerhaushalt keine Postsendungen an alle Haushalte versandt. Der Fokus der Öffentlichkeitsarbeit lag deutlich auf dem Medium Internetplattform.
Umweltschutz und Bildung/Schule waren die vorherrschenden Themen des Jahres 2010.
Die Finanzlage der Stadt Köln und das 2010 drohende Haushaltssicherungskonzept führte dazu, dass der

Bürgerhaushalt erst später in den Haushalt mit einfloss und es zu einem Doppelhaushalt 2010/2011 kam.
2 Millionen Euro wurden zur Verfügung gestellt für die zusätzlichen Maßnahmen, die aus dem Bürgerhaushalt resultierten (nach Eich 2011: 37).
Die einzelnen Themenbereiche fanden nahezu gleichhohe Beteiligung der Kölner/-innen am Bürgerhaushalt, 396 Vorschläge kamen auf die Thematik Bildung/Schule, 393 Vorschläge auf den Umweltschutz und der Rest entfiel auf sonstige Vorschläge.
Die dritte Beteiligungsrunde für den Bürgerhaushalt startete 2011.
Für den Haushalt 2012 dominierten die Themen Kinder/Jugend, Wirtschaftsförderung, Kultur und Sparen.
643 Vorschläge wurden eingereicht 6 davon auf dem postalischen Weg, 12 telefonisch. 50796 Bewertungen zu den Vorschlägen wurden vergeben.
Eine deutliche Abnahme der Vorschläge ist zu verzeichnen und spricht für ein geringeres Interesse an den Beteiligungsgegenständen oder an dem Verfahren allgemein.
Aufgrund der relativ gleichbleibenden Anzahl an Bewertungen liegt der Schluss näher, dass ein Interesse am Verfahren Bürgerhaushalt gegeben ist, jedoch die Beteiligungsgegenstände ein geringeres Interesse hervorgerufen haben.
Die Anzahl der registrierten Teilnehmer der Online-Plattform sank auf 7218. (nach Bürgerhaushalt Köln: 2012).
Diese sinkende Tendenz war bereits 2010 festzustellen mit einer leichten Abnahme auf 9987 Personen (nach Eich 2011: 36).
Jedoch ist die Anzahl der gesamten Teilnehmer als relativ konstant zu betrachten.
Die bewilligte Summe der Ausgaben im Haushalt für den Bürgerhaushalt 2012 sind nicht deutlich zu erkennen, eine

Überschlagsrechnung würde sich auf 14 Millionen belaufen als maximal Kosten, welche eine Umsetzung der Vorschläge kosten würde.

Dies würde einen Anstieg der Kosten bedeuten, obschon Köln in der letzten Beteiligungsperiode auch Sparvorschläge gesammelt und erhalten hat (nach Beschlußvorlage Köln: 2012).

Betrachtet man nun die Gesamtbevölkerung der Stadt Köln in Tabelle 1 und setzt sie in Relation zu den Teilnehmerzahlen, die man zuvor gewonnen hat, kann man überschlagsweise von einer Bevölkerungsbeteiligung von maximal 1,5% der Gesamteinwohner über 18 Jahre der Stadt Köln ausgehen.

Jahr	Gesamt-einwohner	Gesamt-einwohner über 18
2007	1025094	866709
2008	1019328	861894
2009	1020303	862723
2010	1027504	868634

Tabelle 1: eigene Berechnungen Quelle: http://www.stadt-koeln.de/mediaasset/content/pdf15/statistisches_jahrbuch_k__ln_2 011.pdf

Dies bedeutet, dass partizipative Demokratie von den Bürgern der Stadt Köln noch nicht annähernd im vollen Ausmaße genutzt wird.

2.2 Der Bürgerhaushalt der Stadt Bonn

In Bonn, der ehemaligen Landeshauptstadt Deutschlands bis 1989, mit 318513 Einwohnern im Jahr 2010, begann 2005 das Projekt Bürgerhaushalt.(nach Vorwerk/Märker/Wehner 2008: 116)

Trotz der frühen Idee gelang erst der Bürgerhaushalt 2010/2011, der zweite Bürgerhaushalt für die Jahre 2013/2014 hat im Mai 2012 die Vorschlagssammlung beendet (nach Bonn Packts an: 2012).

Bei beiden Fällen handelt es sich um Doppelhaushalte.

Der Medienmix zur Kommunikation mit den Bürgern im

Bürgerhaushalt besteht aus einer Internetplattform, Bürgerversammlungen und der Möglichkeit zur Abgabe von Bürgerkommentaren und Vorschlägen über ergänzende Fragebögen und Email.

Die Steuerung liegt bei den Verwaltungsgremien, dem Rat und im speziellen bei der Kämmerei der Stadt Bonn zusätzlich zu dieser Arbeitsgruppe stießen Vertreter aus den Fachbereichen Bürgerbeteiligung, dem Organisationsamt und dem Presseamt.

Die Reichweite variiert und ist im Fall der Stadt Bonn stark am ebenfalls variierenden Ablaufschema des Bürgerhaushaltsverfahrens gebunden.

Der Ablauf lässt sich in vier Phasen zergliedern.

Phase 1: Vorbereitungen der Politik und Verwaltung,

Phase 2: Bürgerbeteiligung,

Phase 3. Beratung und Entscheidung

und abschließend Phase 4: Rückmeldung.

Die Reichweite des Bürgerhaushaltes 2011/ 2012 umfasste die Themen: Bildung und Soziales, Freizeit und Sport, Finanzen und Beteiligungen, Kultur und Veranstaltungen, Verkehr, Bauen und Umwelt sowie Verwaltung und Bürgerservice. Die Aufgabe der Bürgerbeteiligung lautete für die Bürger, die von der Politik und Verwaltung vorbereitete Vorschläge zu bewerten und eigene zu erstellen.

Aus diesen sollte dann in der Phase 3: Beratung und Entscheidung, zunächst eine Rangliste und eine Top-50-Liste der Bürgervorschläge aufgestellt werden. Im Anschluss sollte die Verwaltung fachliche Bewertungen vornehmen und die Politik endgültig beraten und entscheiden.

Die Rückmeldung stellt den durch die Verwaltung verfassten Rechenschaftsbericht über die Umsetzung oder Nicht-Umsetzung der Inhalte des Bürgerhaushaltes da. (nach Bürgerbeteiligung am Haushalt: 2010)

Die Bürgerbeteiligung zum Bürgerhaushalt 2011/2012 war sehr hoch mit über 12.300 registrierten Teilnehmern und 1602 Konsolidierungsvorschlägen (nach Auswertungsbericht 2013/2014: 6).

Die 108 bestbewerteten Bürgervorschläge wurden in die Haushaltsberatungen gebracht, 45 davon wurden für die Umsetzung vorgesehen und stellen bis 2015 eine Ersparnis von ca 460.000 Euro für den kommunalen Haushalt dar.

Zudem kommen die Bewertungen der Vorschläge, welche von der Verwaltung selbst initiiert wurden, von 49 erhalten 30 eine Umsetzung. Einsparungen von rund 14,5 Millionen Euro sind somit möglich (nach Rechenschaftsbericht Bürgerbeteiligung am Haushalt 2011/2012: 2012: 4f).

Dies zeigt bereits, dass die vorgesehenen Abläufe nicht einhaltbar waren und mehr als das doppelte an Vorschlägen der Bürger mit einfloss in die Beratungen als geplant.

Für das Verfahren des Bürgerhaushalts 2013/2014 wurde dies im Vorfeld anders festgelegt. Die 25 bestbewerteten Vorschläge aus den Themenbereichen sollten mit in die Haushaltsberatungen einbezogen werden.

Die Reichweite des Bürgerhaushalts 2013/2014 wurden die Themenbereiche Natur- und Landschaftspflege sowie Sportförderung eingeräumt. Zusätzlich waren Einsparungen und Einnahmeerhöhungen als Thematik vorgegeben (nach Bürgerdialog zum Haushalt 2013/2014: 2012).

Der Ablauf des zweiten Beteiligungsverfahrens war wieder in 4 Phasen unterteilt. Jedoch wurde zum Beispiel die Vorbereitungsphase verändert und lediglich von der Verwaltung wurden Informationen bereitgestellt.

Der Bürgerdialog in Phase 2 gestaltete sich als Vorschlagssammlung der Bürgervorschläge, welche in 3 Listen zusammengeführt werden sollten, um dann in Phase 3 durch die

Verwaltung fachlich bewertet direkt an die Politik weitergereicht werden sollte. Phase vier blieb gleich wie bei der ersten Durchführungsphase und mündete in einem Rechenschaftsbericht.

In dem Beteiligungsverfahren für den Bürgerhaushalt 2013/2014 sank die Anzahl der registrierten Teilnehmer stark ab, auf gerade mal 1.556 Personen, lediglich 12% der zuvor noch bereiten Teilnehmer waren in dieser Periode mobilisiert worden. Die Anzahl der Vorschläge schrumpfte auf 245 und auch die Bewertungen waren nur noch 32.032.

Der Erfolg der ersten Durchführung war beim zweiten Verfahren nicht zu erreichen.

	2011	2012
registrierte Teilnehmer	12.793	1.556
Vorschläge	1.602	245
Kommentare	14.464	1.762
Bewertungen	535.724	32.032

Abbildung 2: Beteiligungsstatistik im Vergleich: Teilnehmende, Vorschläge, Kommentare, Bewertungen in den Verfahren 2011 und 2012 Quelle: https://www.bonn-packts-an.de/sites/default/files/downloads/Auswertungsbericht %202013-2014.pdf S. 6

Zahlenmäßige Ergebnisse zu den entstehenden Einsparungen für den kommunalen Haushalt sind zu dem Zeitpunkt der vorliegenden Hausarbeit nicht zu nennen, da die Beschlussfassungen des Rats zum Haushalt noch nicht abgeschlossen sind und kein Rechenschaftsbericht vorliegt. Betrachtet man nun die Gesamtbevölkerung der Stadt Bonn in Tabelle 2 und setzt auch sie in Relation zu den Teilnehmerzahlen, welche man zuvor gewonnen hat, kann man sehen, dass 2011 mehr als 5% der Bonner Bevölkerung sich beteiligten. Dieses hohe Ergebnis verlor sich in der zweiten Beteiligungsphase für das 2013/2014 und sank auf weniger als 1% ab.

Jahr	Gesamteinwohner	Gesamteinwohner über 18
2007	315025	262359
2008	316264	263691
2009	317380	264721
2010	318513	265449

Tabelle 2: eigene Berechnungen Quelle:
http://www2.bonn.de/statistik_wahlen/index.asp?10220

2.3 Vergleich der Bürgerhaushalte Köln und Bonn

Der vorliegenden Fälle haben diverse Gemeinsamkeiten und Unterschiede zu verzeichnen. Beide Fälle entsprechen den Kritieren der Definition des Bürgerhaushaltes. Finanzielle Belange sind die Hauptgegenstandsbereiche.

Die Verfahren des Bürgerhaushaltes sind beispielsweise sehr ähnlich, da sie vorschlagsbasiert sind und dennoch Raum für ausserhalb der vorgegebenen Themenbereiche geben.

Die Möglichkeit abzustimmen und Vorschläge zu bewerten ist in beiden Fällen gegeben. Auch eine Heranziehung der 25 höchst bewerteten Vorschläge ist für beide Städte zu verzeichnen.

Die Reichweite der Beteiligungsgegenstände ähnelt sich zunehmend, obschon es zu Beginn der jeweiligen Beteiligungsverfahren Unterschiede gab. Im Gesamten betrachtet sind sie einander in Bezug auf die Beschlußthemen ähnlich. Die Benennung der einzelnen Kategorien unterscheidet sich marginal zum Beispiel Umweltschutz und Straßen,Wege,Plätze entspricht der Kategorie Natur- und Landespflege. Beide Kommunen greifen auch Sparvorschläge auf und nehmen zu den Vorschlägen Stellung.

Die Anzahl der teilnehmenden Bürger variiert stark. Als eine anfängliche Hysterie ist nahezu das Ergebnis der Stadt Bonn im ersten Durchlauf zu nennen. Im Verlauf halten sich jedoch die Anzahl der Teilnehmenden in Relation zur Gesamtbevölkerung nahezu konstant bei ca. 1 %. Die beteiligungsoriente Demokratie

findet bei der Bevölkerung geringeren Anklang als erhofft.
Die angewandten Methoden ähneln sich stark bei den beiden
Kommunen. Internetplattformen wird in diesem Zusammenhang
eine große Bedeutung zugemessen und die E-Partizipation der
Bürger gestärkt.
Beide Städte verzeichnen insgesamt einen Rückgang der
Vorschläge von Seiten der Bürger, dies kann vielfältige Gründe
haben, die von Unzufriedenheit, Unverständnis über Unkenntnis
viele Bereiche abdecken könnten.
Die Aufteilung des Ablaufs in Phasen ist bei beiden
Bürgerhaushalten gegeben, die Phasen ähneln sich stark und
enden jeweils in der Rechenschaftslegung der Stadt.

3. Fazit

Die These: "Eine fortschreitende Entwicklung von
Bürgerhaushalten hat einen positiven Einfluss auf die kommunale
Haushaltspolitik und festigt partizipative Demokratie in der
Kommune" wurde nur teilweise bestätigt.
Der positive Einfluss auf die kommunale Haushaltspolitik ist nur
bedingt abzuleiten. Die in dieser Hausarbeit untersuchten
Bürgerhaushalte beschäftigen sich vorwiegend mit der
Ausgabenseite und nicht der Einnahmen bzw. Einsparungs-Seite
des Haushalts.
Jedoch ist ein Trend zu erkennen, dass zum Beispiel der
Bürgerhaushalt der Stadt Köln nun auch die
Einsparungsmöglichkeiten berücksichtigt und für den folgenden
Bürgerhaushalt bereits den Beteiligungsgegenstand Sanierung
anstrebt (nach Stadt Köln Ratsinformation: 2012).
Gleiches gilt für den Haushalt der Stadt Bonn,
Einsparungsmöglichkeiten und neue Einnahmen werden aktiv
gesucht.
Somit ist ein positiver Einfluss als bedingt ersichtlich

anzunehmen, da es bei den hoch verschuldeten nordrheinwestfälischen Kommunen zu positiven Effekten auf der Einnahmenseite kommt und es zeitgleich zu einer Legitimierung der Einsparungen kommt.

Die Entwicklungen der Bürgerhaushalte zeigen immer mehr, die Tendenz, sich zu reinen Sparhaushalten zu transformieren.

Eine Festigung von partizipativer Politik in der Kommune lässt sich anhand dieser Hausarbeit nicht nachweisen, da die Beteiligungszahlen die ersichtlich wurden zu gering sind, um Aussagen über die gesamte Kommune zu treffen.

Zudem besitzen die untersuchten Städte Köln und Bonn einen Trend, der zu weniger Beteiligung an den Bürgerhaushalten führt und somit auch eine Festigung nicht unterstützt.

4. Literatur- und Quellenverzeichnis

- *Auswertungsbericht 2013/2014: 2012*
Quelle: https://www.bonn-packts-an.de/sites/default/files/downloads/Auswertungsbericht%202013-2014.pdf (Zugriff: 25.09.2012) S. 6

- *Beschlußvorlage Köln 2012*
Quelle: https://buergerhaushalt.stadt-koeln.de/2012/sites/default/files/downloads/BHH%202012%20-%20Beschlussvorlage%20Rat.pdf (Zugriff: 25.09.2012)

- *Bogumil, Jörg / Holtkamp, Lars 2006:*
Kommunalpolitik und Kommunalverwaltung. Eine policyorientierte Einführung. Wiesbaden.

- *Bonn Packts an 2012*
http://www.bonn-packts-an.de (Zugriff: 25.07.2012)

- *Bürgerbeteiligung am Haushalt - 18. Januar bis 16. Februar 2011: 2010*
Quelle:
http://www.bonn.de/rat_verwaltung_buergerdienste/buergermitwirkung/buergerbeteiligung_haushalt/01539/index.html?lang=de&download=M3wBUQCu%2F8ulmKDu36WenojQ1NTTjaXZnqWfVpzLhmfhnapmmc7Zi6rZnqCkkIN8e3uDbKbXrZ2lhtTN34al3p6YrY7P1oah162apo3X1cjYh2%2BhoJRn6w%3D%3D (Zugriff: 24.05.2012)

- *Bürgerdialog zum Haushalt 2013/2014: 2012*
Quelle:
http://www.bonn.de/rat_verwaltung_buergerdienste/buergermitwirkung/buergerbeteiligung_haushalt/index.html?lang=de&download=M3wBUQCu%2F8ulmKDu36WenojQ1NTTjaXZnqWfVpzLhmfhnapmmc7Zi6rZnqCkkIN9gHiDbKbXrZ2lhtTN34al3p6YrY7P1oah162apo3X1cjYh2%2BhoJRn6w%3D%3D (Zugriff: 24.07.2012)

- *Bürgerhaushalt Köln: 2012*
Quelle: https://buergerhaushalt.stadt-koeln.de/2012/inhalt/haeufige-fragen-0 (Zugriff: 25.09.2012)
- *Bundesfinanzministerium 2012:* Eckdaten zur Entwicklung und Struktur der Kommunalfinanzen, herausgegeben 04.05.2012
Quelle: http://www.bundesfinanzministerium.de/Content/DE/Standardartikel/Themen/Oeffentliche_Finanzen/Foederale_Finanzbeziehungen/Kommunalfinanzen/eckdaten-zur-entwicklung-und-struktur-der-kommunalverwaltung.html (Zugriff: 15.07.2012)
- *Eich, Tom 2011:* Der Bürgerhaushalt – Partizipation in der kommunalen Haushaltspolitik am Beispiel der Städte Freiburg und Köln, unveröffentlichte BA-Arbeit, Hagen

Quelle: http://www.buergerhaushalt.org/wp-content/uploads/2011/07/Bachelorarbeit_TomEich_Endversion.pdf (Zugriff: 24.05.2012)

- *Franzke, Jochen / Kleger, Heinz 2010:* Bürgerhaushalte Chancen und Grenzen. Berlin, S. 15, 64ff.
- *Günther, Albert / Beckmann, Edmund 2008:* Kommunal-Lexikon Basiswissen Kommunalrecht und Kommunalpolitik. Stuttgart
- *Habermas, Jürgen 1990*: Vorwort zur Neuauflage 1990, in: Strukturwandel der Öffentlichkeit, Frankfurt am Main., S. 11-50
- *Holtkamp, Lars/Bathge, Thomas 2012:* Lokale Bürgerbeteiligung in der Haushaltskrise in: dms 1/2012, S. 47-64
- *Märker, Oliver/ Wehner, Josef / Vorwerk, Volker 2008:* Bürgerbeteiligung am Haushalt – Das Beispiel Bürgerhaushalt Köln in: Standort - Zeitschrift für angewandte Geographie Volume 32, Number 3, S. 114-119
- *Rechenschaftsbericht Bürgerbeteiligung am Haushalt 2011/2012:* 2012 S.3

Quelle: http://www.bonn-packts-an.de/sites/default/files/downloads/Rechenschaftsbericht%20Gesamt.pdf (Zugriff: 25.09.2012)
- *Rüttgers, Martin 2008:* Bürgerhaushalt: Information, Partizipation, Rechenschaftslegung, in: Betrifft Bürgergesellschaft Nr. 30, Arbeitskreis „Bürgergesellschaft und aktivierender Staat" der Friedrich-Ebert-Stiftung Quelle: http://library.fes.de/pdf-files/kug/05593.pdf (Zugriff: 24.05.2012)
- *Schmidt, Manfred G. 2010:* Demokratietheorien, Wiesbaden, S.242
- *Stadt Köln – Bausteine des Verfahrens 2012*
Quelle: http://www.stadt-koeln.de/1/stadtfinanzen/buergerhaushalt/bausteine/ (Zugriff: 25.09.2012)
- *Stadt Köln – Beteiligungsstatistik 2008*
Quelle: http://www.stadt-koeln.de/1/stadtfinanzen/buergerhaushalt/2008-2009/rechenschaft/01248/ (Zugriff: 25.09.2012)
- *Stadt Köln Ratsinformation 2012*
Quelle: http://ratsinformation.stadt-koeln.de/ydocstart.asp (Zugriff: 25.09.2012)
- *Stadtrat Köln 2012:*
Quelle: https://buergerhaushalt.stadt-koeln.de/2012/sites/default/files/downloads/BHH%202012%20-%20Beschlussvorlage%20Rat.pdf (Zugriff: 25.09.2012)
- *Statistisches Jahrbuch der Stadt Köln 2011: Tabelle 101 Einwohner nach Nation, Geschlecht und Wohnstatus seit 2000; Grafik 901 Beteiligung der Kölner/-innen am Bürgerhaushalt (Vorschläge nach Themen) S. 20, 224*
Quelle: http://www.stadt-koeln.de/mediaasset/content/pdf15/statistisches_jahrbuch_k__ln_2011.pdf (Zugriff: 25.09.2012)